TARTELETTES!

Belle vie à Léon…

Conception et réalisation graphique :
la tête moderne Carine Turin & Marc Deroin

Connectez-vous sur : www.lamartinieregroupe.com

ISBN : 978-2-7324-5015-5

Christophe Adam

TARTELETTES!

Photographies : **Laurent Rouvrais**
Stylisme : Virginie Martin
Coordination rédactionnelle : **Sophie Brissaud**

**Éditions
de La Martinière**

MATFER

TARTELETTES **PAR** CHRISTOPHE ADAM

Depuis toujours, les tartelettes sont de véritables petits ateliers de création où les fruits sont mis en scène. Elles se prêtent à des compositions de couleurs et à des associations gustatives sans pareilles. Avec Christophe Adam, elles deviennent un formidable terrain d'expression, ouvrant la porte au trompe-l'œil, aux inspirations décalées avec une touche d'humour. Fruits d'été et d'hiver, sucres et épices, mariages inédits et incontournables classiques, forme ronde ou carrée, faux-qu'on-croirait-vrais…

Ces petits gâteaux subtils et délicats nous emmènent pas à pas dans le monde très prisé de la pâtisserie créative, mais ce grand classique français est aussi le gâteau de nos déjeuners de famille, celui que chacun de nous concoctait dès son plus jeune âge, hésitant à ranger les fruits du verger en rang ou en vrac.

Sucrée ou salée, toujours délicieusement séduisante, la petite tartelette est sans doute l'une des plus jolies partitions de notre patrimoine culinaire.

Corinne Decottignies

SOMMAIRE

SALÉ ! 94

ANNEXES 118

RECETTES **DE** BASE **PAS À PAS**

LES DOUZE COMMANDEMENTS **POUR RÉUSSIR** VOS TARTELETTES

01/ Des ingrédients de qualité toujours tu utiliseras,

02/ Les fruits toujours bien mûrs tu choisiras,

03/ Assez tôt, ta recette tu commenceras,

04/ Attentivement tu la liras,

05/ Puis soigneusement, étape par étape, tu la suivras,

06/ Les proportions jamais tu ne modifieras,

07/ La farine et les ingrédients secs, toujours tu tamiseras,

08/ Les bonnes températures de chaque ingrédient tu respecteras,

09/ Que les pâtes aient bien reposé, tu attendras,

10/ Avant de foncer, les cercles tu beurreras,

11/ Trop chaud et trop vite jamais tu ne cuiras,

12/ Et à la bonne température, toujours tu serviras.

LISTE DES USTENSILES

1 Plaque en aluminium
2 Carrés en inox
3 Emporte-pièce rond

4 Cercles en inox
5 Pinceau
6 Papier sulfurisé

1 Grande et petite spatule
2 Petite passoire fine
3 Fouet

4 Tamis
5 Rouleau à pâtisserie
6 Bol de préparation
7 Maryse, petite et grande

PÂTE SUCRÉE À L'AMANDE

Pour 500 g
Préparation : 40 minutes
Repos : 2 heures

125 g de beurre mou
85 g de sucre glace
1 gousse de vanille
25 g de poudre d'amandes
2 g de sel
1 œuf à température ambiante
210 g de farine

Comme pour toutes les autres recettes de base, le beurre doit être à température ambiante afin d'être travaillé facilement.

1. Déposez-le dans un grand bol.

2. Tamisez le sucre glace directement sur le beurre.

3. Fendez la gousse de vanille et raclez l'intérieur pour extraire les graines. Ajoutez-les ainsi que la poudre d'amandes et le sel. Mélangez le tout afin d'obtenir une texture homogène.

4 et 5. Cassez l'œuf sur la préparation, mélangez, puis tamisez la farine sur le tout. Mélangez sans trop travailler la pâte.

6. Enveloppez la pâte de film étirable et laissez-la reposer 2 heures au réfrigérateur.

Variantes

Pâte sucrée à la noisette

Tamisez 15 g de poudre de noisettes avec 195 g de farine sur la pâte après avoir ajouté l'œuf.

Pâte sucrée à la fève de tonka

Râpez 15 g de fève de tonka sur 195 g de farine, et tamisez le tout sur la pâte après avoir ajouté l'œuf..

PRÉPARATION **DE LA PÂTE SUCRÉE** À L'AMANDE

1 Déposez le beurre mou dans le bol de préparation.

2 Tamisez directement le sucre glace sur le beurre.

3 Ajoutez les graines de la gousse de vanille fendue.

4 Ajoutez la poudre d'amandes, le sel et l'œuf, et mélangez à la spatule.

5 Tamisez la farine sur le tout.
Pour la pâte sucrée à la noisette, tamisez la poudre de noisettes avec la farine. Pour la pâte sucrée à la fève de tonka, râpez la fève de tonka après avoir tamisé la farine.

6 Enveloppez la pâte de film étirable et laissez-la reposer 2 heures au réfrigérateur.

7 Étalez-la au rouleau à l'épaisseur indiquée dans la recette.

8 Pour des tartelettes carrées, découpez la pâte en croix aux dimensions du moule. Foncez les tartelettes en faisant adhérer la pâte aux cercles en inox.

9 Rognez l'excédent de pâte au ras bord.

PÂTE SUCRÉE AU CACAO

Pour 500 g
Préparation : 40 minutes
Repos : 2 heures

85 g de sucre glace
25 g de poudre d'amandes
130 g de beurre mou
2 g de sel
1 sachet de sucre vanillé
1 œuf entier à température ambiante
195 g de farine
15 g de cacao en poudre

1. Tamisez le sucre glace dans un grand bol. Ajoutez la poudre d'amandes, le beurre, le sel et le sucre vanillé. Mélangez jusqu'à obtenir une texture homogène.

2. Cassez l'œuf sur le tout et mélangez.

Vous pouvez aussi réunir tous ces ingrédients (sauf l'œuf) dans le bol d'un batteur et les battre pour les aérer. Ajoutez ensuite l'œuf.

3. Tamisez directement la farine et le cacao en poudre sur la préparation et mélangez sans trop travailler.

4. Enveloppez la pâte de film étirable et laissez-la reposer 2 heures au réfrigérateur.

PRÉPARATION **DE LA PÂTE SUCRÉE** AU CACAO

1 Ajoutez, sur le sucre glace tamisé, la poudre d'amandes, le beurre mou, le sel et le sucre vanillé.

2 Mélangez jusqu'à obtention d'une pâte homogène, puis ajoutez l'œuf.

3 Tamisez sur le tout la farine et le cacao en poudre. Mélangez.

4 Enveloppez la pâte de film étirable et laissez-la reposer 2 heures au réfrigérateur.

5 Étalez la pâte et découpez-la à l'aide d'un emporte-pièce pour foncer les cercles.

6 Appuyez bien verticalement sur l'emporte-pièce pour découper la pâte.

PÂTE LINZER

Pour 500 g
Préparation : 40 minutes
Repos : 2 heures

180 g de farine
1/2 sachet de levure chimique
10 g de cacao en poudre
2 g de cannelle en poudre
90 g de sucre semoule
90 g de beurre
2 g de sel
1 + 1/2 œufs
50 g d'amandes hachées

1 et 2. Tamisez ensemble la farine, la levure chimique, le cacao en poudre et la cannelle dans un grand bol.

3. Ajoutez le sucre semoule, le beurre coupé en morceaux et le sel. Mélangez à la main, en écrasant les ingrédients entre vos paumes, afin d'incorporer soigneusement le beurre. Continuez jusqu'à obtenir une texture sableuse assez fine.

4 et 5. Ajoutez alors les œufs et les amandes hachées, et mélangez à la main afin d'obtenir une pâte homogène.

Enveloppez la pâte de film étirable et laissez-la reposer 2 heures au réfrigérateur.

1 Vous pouvez tamiser ensemble la farine, la levure chimique, le cacao en poudre et la cannelle dans le bol de préparation…

2 … Ou alors les mélanger au batteur pour les aérer.

3 Ajoutez le sucre, le beurre, et le sel. Mélangez avec les mains en écrasant les ingrédients entre vos paumes jusqu'à obtention d'une texture sableuse homogène.

4 Ajoutez alors les œufs et les amandes hachées.

5 Mélangez avec les mains.

6 Une fois que la pâte a reposé, étalez-la et découpez-la.

PÂTE **À SABLÉ** BRETON

Pour 500 g
Préparation : 45 minutes
Repos : 2 heures

2 jaunes d'œufs
120 g de sucre semoule
120 g de beurre mou
190 g de farine
2 g de sel fin
10 g de levure chimique

1. Fouettez les jaunes d'œufs et le sucre semoule dans un grand bol jusqu'à ce qu'ils blanchissent et deviennent onctueux. Ajoutez alors le beurre mou et mélangez.

2 et 3. Lorsque le mélange est bien homogène, tamisez la farine, le sel et la levure par-dessus. Mélangez le tout jusqu'à l'obtention d'une pâte bien homogène.

Enveloppez la pâte de film étirable et laissez-la reposer 2 heures au réfrigérateur.

Pâte à sablé breton à l'orange

Ajoutez tout simplement à la recette de base les zestes d'une orange.

PRÉPARATION **DE LA PÂTE** À SABLÉ BRETON

1 Fouettez les jaunes d'œufs et le sucre semoule jusqu'à ce qu'ils soient pâles et onctueux. Ajoutez ensuite le beurre mou.

2 Tamisez sur le tout la farine, le sel et la levure chimique.

3 Mélangez.

MERINGUE
DÉCOR

Pour 300 g

150 g de blanc d'œufs (5 blancs)
75 g de sucre en poudre
100 g de sucre glace

Préchauffez le four à 90 °C (th. 3). Tamisez le sucre glace.

Montez les blancs d'œufs dans le bol d'un batteur. Quand ils commencent à monter en neige, ajoutez peu à peu le sucre en poudre jusqu'à obtention d'une belle meringue luisante.

Eteignez le moteur du batteur et incorporez le sucre glace tamisé à l'aide d'une Maryse.

Introduisez ce mélange dans une poche à douille et déposez de petits dômes de 3 cm de diamètre sur une plaque garnie de papier sulfurisé.

Faites cuire 30 minutes au four, puis sortez les meringues du four. Evidez-les (le cœur doit être encore tendre), puis remettez-les au four et faites cuire encore 1 heure.

CRÈME PÂTISSIÈRE À LA VANILLE

Pour 500 g
Préparation : 15 minutes
Cuisson : 3 minutes

1 gousse de vanille Bourbon
35 cl de lait
1 œuf
65 g de sucre semoule
40 g de poudre à flan (ou de Maïzena®)
35 g de beurre

Fendez la gousse de vanille et raclez l'intérieur avec la pointe d'un couteau afin d'extraire les graines.

Faites bouillir le lait et ajoutez les graines de vanille. Retirez du feu, couvrez et laissez infuser 10 minutes.

Mélangez l'œuf, le sucre et la poudre à flan.

Passez le lait vanillé à travers une passoire fine puis faites-le bouillir de nouveau. Versez-le, sans cesser de fouetter, sur le mélange œuf, sucre et poudre à flan, puis faites bouillir 3 minutes sur feu doux. Retirez du feu et ajoutez le beurre.

Versez la crème pâtissière sur une grande feuille de film étirable, enveloppez-la bien, puis gardez-la au réfrigérateur au moins 2 heures avant de l'utiliser.

PÂTE SALÉE AU PARMESAN

Pour 500 g
Préparation : 40 minutes
Repos : 30 minutes

65 g de parmesan fraîchement râpé
250 g de farine
1 jaune d'œuf
270 g de beurre
2 g de sel délayés dans 50 g de lait

Réunissez dans le bol d'un batteur le parmesan, la farine, le beurre et le jaune d'œuf. Travaillez ces ingrédients jusqu'à ce qu'ils prennent un aspect sableux. Tout en gardant le batteur sur la première vitesse, ajoutez alors progressivement le lait salé jusqu'à obtention d'une pâte homogène. Ne travaillez pas trop cette pâte.

Enveloppez la pâte de film étirable et laissez-la reposer 30 minutes au réfrigérateur.

PÂTE SALÉE À LA NOISETTE

Pour 500 g
Préparation : 40 minutes
Repos : 30 minutes

65 g de poudre de noisettes
250 g de farine
270 g de beurre mou
1 jaune d'œuf
2 g de sel délayés dans 50 g de lait

Réunissez dans le bol d'un batteur la poudre de noisettes, la farine, le beurre et l'œuf. Travaillez ces ingrédients jusqu'à ce qu'ils prennent un aspect sableux. Tout en gardant le batteur sur la première vitesse, ajoutez alors progressivement le lait salé jusqu'à obtention d'une pâte homogène. Ne travaillez pas trop cette pâte.

Enveloppez la pâte de film étirable et laissez-la reposer 30 minutes au réfrigérateur.

SUCRÉ !

TARTELETTE AUX MYRTILLES ET AU SPÉCULOOS

Pour 12 tartelettes de 5 cm de diamètre
Préparation : 25 minutes
Cuisson : 25 minutes

500 g de pâte sucrée à l'amande (voir page 14), juste sortie du réfrigérateur
120 g de myrtilles fraîches
50 g de spéculoos

150 g d'appareil à garniture
50 g de sucre
1 œuf
5 cl de crème liquide

300 g de décor à la myrtille
60 g de confiture de myrtilles
240 g de myrtilles fraîches

Préchauffez le four à 170 °C (th. 5-6).

Étalez la pâte sucrée à l'amande à 3 mm d'épaisseur. Taillez-y 12 disques à l'aide d'un emporte-pièce de 7 cm de diamètre. Beurrez 12 cercles de 5 cm de diamètre et foncez les tartelettes. Piquez les fonds de tartelette avec une fourchette. Faites cuire 15 minutes au four, sur une plaque. Laissez refroidir.

Montage et finition

Préparez l'appareil à garniture en battant l'œuf entier avec le sucre et la crème.

Mélangez la confiture de myrtilles et les myrtilles fraîches.

Mixez les spéculoos pour les réduire en chapelure.

Répartissez la chapelure de spéculoos dans les fonds de tartelette. Sur chaque tartelette, déposez 10 g de myrtilles fraîches et recouvrez de 12 g d'appareil à garniture. Faites cuire 10 minutes au four à 200 °C.

Disposez sur chaque tartelette 12 g de décor à la myrtille en vous inspirant de la photo.

Le petit plus

Pour sublimer vos tartelettes, décorez-les de quelques fleurs de bourrache (comme sur la photo) ou d'un pétale de rose blanche.

BARRETTE CARAMBAR®

Pour 8 barrettes de 10 cm de longueur et 3 cm de largeur
Préparation : 30 minutes
Réfrigération : 3 h 30
Cuisson : 15 minutes

500 g de pâte sucrée au cacao (voir page 20), juste sortie du réfrigérateur
quelques Carambar®
1 petit bol de pop-corn

320 g de ganache Carambar®
145 g de chocolat noir à 70 % de cacao
60 g de Carambar® (12 Carambar®)
15 cl de crème liquide
40 g de beurre

240 g de chantilly au Carambar®
26 Carambar®
70 cl de crème liquide bien froide
130 g de sucre roux

Préchauffez le four à 170 °C (th. 5-6).

Étalez la pâte sucrée au cacao à 3 mm d'épaisseur. Découpez-y 8 rectangles de 12 cm de longueur et 5 cm de largeur. Beurrez 8 rectangles en inox de 3 x 10 cm et foncez les tartelettes. Piquez les fonds de tartelette avec une fourchette. Faites cuire 15 minutes au four, sur une plaque. Laissez refroidir.

La ganache Carambar®

Hachez finement le chocolat et recueillez-le dans un grand bol. Dans une casserole, faites fondre les Carambar® avec la crème. Quand le mélange est très chaud et homogène, versez-le petit à petit sur le chocolat en mélangeant. Ajoutez enfin le beurre à la ganache tiède.

La chantilly au Carambar®

Découpez les Carambar® en petits morceaux et faites-les fondre avec la crème et le sucre roux sur feu doux. Quand le mélange est bien fondu, gardez-le 3 heures au réfrigérateur.

Ce temps écoulé, fouettez la crème en chantilly ferme et introduisez-la dans une poche munie d'une douille dentée n° 8. Gardez au frais.

Montage et finition

Coulez dans chaque barrette, à ras bord, 40 g de ganache encore tiède, puis laissez figer 30 minutes au réfrigérateur. Pochez 30 g de chantilly par barrette sur la ganache bien froide. Décorez de Carambar® légèrement étirés et de pop-corn comme sur la photo.

Le petit plus

Vous pouvez ajouter des noisettes caramélisées concassées pour donner plus de croustillant.

TARTELETTE MOKA

Recette pour 8 tartelettes de 8 cm de diamètre
Préparation : 30 minutes (la veille), 35 minutes (le lendemain)
Réfrigération : 24 heures + 2 h 30 le lendemain
Cuisson : 15 minutes

500 g de pâte sucrée à la fève de tonka (voir page 14)
8 cubes de guimauve

80 g de glaçage au café
20 g de crème liquide
35 g de chocolat noir
20 g de nappage neutre
2 g de café soluble

360 g de ganache chocolat blanc-café
60 g de chocolat blanc
280 g de crème liquide
6 g de café soluble
12 g de café moulu

Préchauffez le four à 170 °C (th. 5-6).

Étalez la pâte sucrée à la fève de tonka à 3 mm d'épaisseur. Découpez-y 8 disques de 9 cm de diamètre. Beurrez 8 cercles en inox de 7 cm de diamètre et foncez les tartelettes. Piquez les fonds de tartelette avec une fourchette. Faites cuire 15 minutes au four, sur une plaque. Laissez refroidir.

Le glaçage au café

24 heures à l'avance, faites tremper la gélatine dans de l'eau froide pendant au moins 20 minutes. Hachez le chocolat et recueillez-le dans un grand bol. Faites bouillir la crème, ajoutez la gélatine égouttée et le café soluble, puis versez le tout petit à petit sur le chocolat en remuant jusqu'à obtenir une ganache. Ajoutez le nappage neutre et laissez reposer 24 heures au réfrigérateur.

La ganache chocolat blanc-café

Hachez le chocolat en petits morceaux.

Faites bouillir la moitié de la crème, ajoutez le café soluble et le café moulu. Laissez infuser quelques instants. Versez doucement la crème chaude sur le chocolat en mélangeant bien. Lorsque le mélange est homogène, versez le reste de crème et tournez jusqu'à obtention d'un mélange lisse. Réfrigérez au moins 2 heures.

Montage et finition

Fouettez légèrement la ganache froide au batteur pour lui donner un aspect « chantilly ». Remplissez ensuite les tartelettes à l'aide d'une spatule et gardez-les 30 minutes au réfrigérateur. Ensuite, faites tiédir le glaçage (attention, il ne doit surtout pas être trop chaud) et nappez-en les tartelettes.

Décorez de cubes de guimauve comme sur la photo.

Le petit plus

Le glaçage peut être remplacé par de la confiture de lait.

SABLÉ BRETON AUX FRUITS ROUGES ET À LA FLEUR D'ORANGER

Pour 8 barrettes de 3,5 cm de largeur et 11 cm de longueur
Préparation : 30 minutes
Cuisson : 15 minutes

500 g de pâte à sablé breton à l'orange (voir page 28), juste sortie du réfrigérateur
fruits rouges pour le décor
mini-meringues pour le décor (voir page 30)

120 g de crème à la fleur d'oranger
1 g de gélatine en feuille (1 feuille de 1 g ou 1/2 feuille de 2 g)
10 g d'eau de fleur d'oranger
20 g de crème liquide
90 g de crème pâtissière à la vanille (voir page 31)

Préchauffez le four à 180 °C (th. 6).

Étalez la pâte à sablé breton à 5 mm d'épaisseur sur une feuille de papier sulfurisé légèrement farinée.

Beurrez légèrement 8 rectangles en inox de 3,5 cm de largeur et 11 cm de longueur. Posez-les sur une plaque. Découpez dans la pâte 8 rectangles de 3 cm de largeur et de 7 cm de longueur, déposez-les dans les rectangles et faites cuire 15 minutes au four, sur une plaque. Laissez refroidir dans les rectangles, puis démoulez.

La crème à la fleur d'oranger

Faites tremper la gélatine 10 minutes dans de l'eau froide, égouttez-la puis faites-la fondre au four à micro-ondes. En fouettant vigoureusement, incorporez la gélatine fondue à l'eau de fleur d'oranger.

Fouettez la crème en chantilly. Lissez légèrement la crème pâtissière à la vanille. Prélevez-en une petite quantité pour y ajouter l'eau de fleur d'oranger gélatinée. Une fois ce mélange bien lissé, ajoutez le reste de crème pâtissière. Ajoutez enfin la crème et mélangez délicatement.

Montage et finition

Étalez délicatement 15 g de crème sur chaque sablé breton. Disposez les fruits rouges, puis les meringues comme sur la photo.

Le petit plus

Préparez une double quantité de crème à la fleur d'oranger pour accompagner les barrettes.

TARTE LINZER À LA CERISE FRAÎCHE

Pour 8 tartelettes de 8 cm de diamètre
Préparation : 30 minutes
Cuisson : 15 minutes

500 g de pâte linzer (voir page 24), juste sortie du réfrigérateur
120 g de confiture de framboises
720 g de cerises (6 cerises par tartelette)
15 g de poudre de pistache

120 g de chantilly à la pistache
110 g de crème liquide bien froide
5 g de pâte de pistache

Préchauffez le four à 170 °C (th. 5-6).

Étalez la pâte linzer à 3-4 mm d'épaisseur sur une feuille de papier sulfurisé légèrement farinée.

Beurrez 8 cercles à tarte de 8 cm de diamètre et détaillez directement la pâte à l'aide de chaque cercle. Posez les cercles sur une plaque. Piquez le fond des tartelettes avec les dents d'une fourchette et faites cuire environ 15 minutes au four. Laissez refroidir.

La chantilly à la pistache

Délayez la pâte de pistache dans la crème liquide, puis fouettez celle-ci en chantilly ferme. Introduisez dans une poche et gardez au frais.

Montage et finition

Tartinez chaque disque de linzer de 15 g de confiture de framboises, puis déposez délicatement 2 g de poudre de pistache sur chaque rebord. Coupez les cerises en deux et dénoyautez-les. Déposez 12 demi-cerises en rosace sur la tartelette et terminez en pochant 15 g de chantilly pistache au centre.

Le petit plus

Ajoutez des pistaches légèrement torréfiées et concassées sur la chantilly pistache.

PAIN DE MIE À LA FIGUE ET AUX NOIX DE PÉCAN FAÇON TARTE

Pour 8 tartes fines de 9 cm de diamètre
Préparation : 30 minutes
Cuisson : 5 minutes

8 tranches de pain de mie
320 g de figues
40 g de noix de pécan torréfiées

120 g de sirop de figue
40 g d'eau
60 g de sucre semoule
10 g de sucre glace
10 g de poudre d'amandes
10 g de purée de figue

320 g de crème légère au mascarpone
100 g de crème fouettée
200 g de mascarpone
20 g de sucre glace

Le sirop de figue

Préparez un sirop en faisant bouillir l'eau et les deux sucres. Laissez refroidir, puis ajoutez la poudre d'amandes et la purée de figue. Gardez au frais.

La crème légère au mascarpone

Fouettez la crème en chantilly, puis mélangez-la petit à petit avec le mascarpone et le sucre glace.

Montage et finition

Préchauffez le four à 200 °C (th. 6-7).

Détaillez les tranches de pain de mie en 8 disques de 9 cm de diamètre et posez-les sur une feuille de papier sulfurisé. À l'aide d'un pinceau, imbibez généreusement le dessus de sirop de figue, puis passez le tout quelques minutes au four. N'éteignez pas le four après en avoir sorti le pain.

Coupez les figues en tranches et taillez-les en tranches rondes à l'aide d'un emporte-pièce de 3 cm. Disposez-les en rosaces sur le pain de mie et saupoudrez légèrement de sucre semoule. Recouvrez du reste de sirop de figue à l'aide d'un pinceau. Faites cuire 5 minutes au four.

Servez les tartelettes avec un petit pot de crème légère au mascarpone parsemé des noix de pécan concassées. Vous pouvez aussi saupoudrer les tartelettes chaudes de noix de pécan.

Le petit plus

Pour les amateurs, remplacez la crème au mascarpone par une glace aux noix de pécan.

MERINGUE AU CITRON ET AUX FRAISES DE BOIS

Pour 8 meringues
de 7 cm de diamètre
Préparation : 40 minutes
Réfrigération : 2 heures
Cuisson : 2 heures et 5 minutes

120 g de fraises des bois
quelques feuilles de shiso pour le décor

8 disques de meringue française
100 g de blanc d'œufs
100 g de sucre en poudre
100 g de sucre glace

160 g d'espuma de yaourt au citron
1 pot de yaourt nature
le jus de 1 citron
15 g de sucre semoule
150 g de crème liquide

100 g de gelée de citron vert
1 feuille de gélatine 1/2
(3 g de gélatine, ou 3 feuilles de 1 g)
75 g de sirop de citron
50 g de jus de citron vert

Les disques de meringue française

Préchauffez le four à 110 °C (th. 3-4, plus près du 4).

À l'aide d'un batteur, montez les blancs d'œufs en neige en ajoutant le sucre petit à petit jusqu'à obtenir une meringue dense et luisante. Introduisez-la dans une poche à douille n° 8 (moyenne) et pochez-la en forme de spirales de 7 cm de diamètre sur une feuille de papier sulfurisé. Faites cuire 5 minutes au four à 110° pour gonfler la meringue puis 2 h à 90 °C (th. 3) pour la sécher. Laissez refroidir hors du four.

L'espuma de yaourt au citron

Filtrez le jus de citron à travers une passoire fine. Mélangez le yaourt, le jus de citron filtré, le sucre et la crème. Versez le tout dans un siphon de 50 cl, ajoutez une cartouche de gaz et gardez 1 heure au réfrigérateur.

La gelée de citron vert

Faites tremper les feuilles de gélatine 20 minutes dans de l'eau bien froide. Faites chauffer le sucre, l'eau et le jus de citron puis incorporez la gélatine égouttée. Laissez refroidir dans un petit bac pendant 2 heures au réfrigérateur. Découpez en petits cubes.

Montage et finition

Déposez 20 g d'espuma sur chaque meringue et étalez-la délicatement à la spatule. Disposez les fraises des bois une par une en commençant par l'extérieur. Décorez de cubes de gelée de citron vert et de feuilles de shiso.

Le petit plus

Servez cette tartelette avec un jus de fraise.

TARTELETTE CHOCOLAT-MANGUE

Pour 8 tartelettes de 7 cm de diamètre
Préparation : 40 minutes
Réfrigération : 30 minutes
Cuisson : 15 minutes

500 g de pâte sucrée au cacao (voir page 20), juste sortie du réfrigérateur
2 mangues fraîches

400 g de ganache chocolat-noisette
240 g de gianduja noisette-lait
110 g de crème liquide
50 g de lait

Préchauffez le four à 170 °C (th. 5-6).

Étalez la pâte sucrée au cacao à 3 mm d'épaisseur. Taillez-y 8 disques à l'aide d'un emporte-pièce de 9 cm de diamètre. Beurrez 8 cercles de 7 cm de diamètre et foncez les tartelettes. Piquez les fonds de tartelette avec une fourchette. Faites cuire 15 minutes au four, sur une plaque. Laissez refroidir.

La ganache chocolat-noisette

Hachez finement le gianduja et recueillez-le dans un grand bol. Faites bouillir le lait et la crème, et versez le tout petit à petit sur le gianduja en remuant bien jusqu'à obtenir une ganache bien lisse.

Montage et finition

Coulez 50 g de ganache dans chaque tartelette aux deux tiers de sa hauteur et faites durcir 30 minutes au réfrigérateur.

Épluchez, dénoyautez les mangues et découpez-les en tranches de 5 mm d'épaisseur. À l'aide d'un emporte-pièce rond de 7 cm, découpez 8 rondelles de mangue (30 g chacune). Déposez 1 rondelle par tartelette, directement sur la ganache.

Le petit plus

Prévoyez une boule de sorbet mangue accompagnée de mangue fraîche (récupérée dans les chutes).

TARTELETTE TOUT CHOCOLAT

Pour 8 tartelettes de 8 cm de diamètre
Préparation : 45 minutes
Réfrigération : 30 minutes
Cuisson : 30 minutes

500 g de pâte sucrée au cacao (voir page 20), juste sortie du réfrigérateur
1 paquet de Mikado®

600 g de streusel cacao
150 g de cassonade
150 g de poudre d'amandes
1 g de sel
115 g de farine
25 g de cacao en poudre
150 g de beurre froid en petits dés

560 g de ganache au chocolat
200 g de chocolat noir
280 g de crème liquide
80 g de beurre

Préchauffez le four à 170 °C (th. 5-6).

Étalez la pâte sucrée au cacao à 3 mm d'épaisseur. Découpez-y 8 disques de 9 cm de diamètre. Beurrez 8 cercles en inox de 7 cm de diamètre et foncez les tartelettes. Piquez les fonds de tartelette avec une fourchette. Faites cuire 15 minutes au four, sur une plaque. Laissez refroidir, mais n'éteignez pas le four et portez sa température à 150 °C.

Le streusel cacao

Mélangez la cassonade, la poudre d'amandes, la farine, le sel et le cacao en poudre, puis tamisez-les. Ajoutez le beurre et mélangez le tout au batteur équipé de la feuille (ou à la main à l'aide d'une spatule) jusqu'à obtenir un mélange en fines boulettes. Répartissez le streusel sur une toile siliconée en une couche régulière et faites-le cuire 15 minutes au four.

La ganache au chocolat

Hachez le chocolat et recueillez-le dans un grand bol. Portez la crème à frémissement et versez-en un tiers petit à petit en remuant longuement jusqu'à ce que le mélange soit homogène. Ajoutez alors délicatement le reste de crème afin d'avoir une ganache lisse et brillante.

Ajoutez le beurre coupé en petits morceaux, puis remuez pour obtenir une ganache bien liquide.

Montage et finition

Coulez la ganache encore liquide à ras bord des tartelettes, puis laissez-la prendre au réfrigérateur pendant 30 minutes. Décorez ensuite du streusel et de morceaux de Mikado®.

TARTELETTE TOUTE VERTE

Pour 8 tartelettes de 8 cm de diamètre
Préparation : 30 minutes
Cuisson : 30 minutes

500 g de pâte sucrée à l'amande (voir page 14), juste sortie du réfrigérateur
200 g de nappage neutre
le jus de 1 citron vert
120 g de pomme crue coupée en petits dés

240 g de crème d'amande
55 g de beurre mou
55 g de sucre glace
1 + 1/2 œufs
55 g de poudre d'amandes
5 g de poudre à flan
5 g de rhum

560 g de fruits verts
80 g de pomme verte coupée en petits dés
220 g de grains de raisin blanc
160 g de kiwi
80 g de groseilles à maquereau vertes ou de groseilles blanches

Préchauffez le four à 170 °C (th. 5-6).

Étalez la pâte sucrée à l'amande à 3 mm d'épaisseur. Taillez-y 8 disques de 11 cm de diamètre. Beurrez 8 cercles de 8 cm de diamètre et foncez les tartelettes. Piquez les fonds de tartelette avec une fourchette. Faites cuire 15 minutes au four, sur une plaque. Laissez refroidir. Portez la température du four à 180 °C (th. 6).

Mélangez le nappage neutre et le jus de citron vert.

La crème d'amande

Fouettez le beurre pour l'assouplir, ajoutez le sucre glace et la poudre d'amandes. Incorporez l'œuf petit à petit, puis la poudre à flan et le rhum.

Montage et finition

Garnissez les tartelettes de crème d'amande et recouvrez celle-ci de petits dés de pomme crue. Faites cuire 15 minutes à four chaud.

Pendant ce temps, épluchez le kiwi et coupez-le en dés. Laissez les grains de raisin entiers.

Disposez les fruits sur les tartelettes du plus gros au plus petit, puis glacez les tartelettes avec le nappage au citron vert. Vous pouvez garnir de zeste de citron vert râpé.

BLACKTARTE

Pour 8 tartelettes
de 8 cm de diamètre
Préparation : 30 minutes
Cuisson : 15 minutes

500 g de pâte sucrée au cacao (voir page 20), juste sortie du réfrigérateur
440 g de fruits noirs : 200 g de mûres, 160 g de myrtilles et 80 g de framboises blanches
confiture de myrtilles

240 g de crème au thé noir
25 g de sucre semoule
130 g de crème liquide
90 g de lait
2 jaunes d'œufs
10 g thé noir

Préchauffez le four à 170 °C (th. 5-6).

Étalez la pâte sucrée au cacao à 3 mm d'épaisseur. Taillez-y 8 disques à l'aide d'un emporte-pièce de 10 cm de diamètre. Beurrez 8 cercles de 8 cm de diamètre et foncez les tartelettes. Piquez les fonds de tartelette avec une fourchette. Faites cuire 15 minutes au four, sur une plaque. Laissez refroidir.

La crème au thé noir

Faites bouillir le lait et la crème et faites-y infuser le thé noir 5 minutes, puis filtrez à travers une passoire fine. Fouettez les jaunes d'œufs avec le sucre, puis versez l'infusion dessus en fouettant. Faites cuire en tournant avec une spatule jusqu'à ce que le mélange épaississe (85 °C). Mixez à l'aide d'un mixeur plongeant. Laissez refroidir.

Montage et finition

Garnissez à mi-hauteur le fond de chaque tartelette de 30 g de crème au thé noir. Disposez les fruits selon la photo et nappez légèrement de confiture de myrtilles sans masquer les fruits.

TARTELETTE CARAMEL-NOUGATINE

Pour 6 tartelettes carrées de 7 cm de côté
Préparation : 40 minutes (la veille)
Cuisson : 15 minutes

500 g de pâte sucrée à la noisette (voir page 14), juste sortie du réfrigérateur

320 g de crémeux au caramel
1 g de gélatine (1/2 feuille de 2 g ou 1 feuille de 1 g)
60 g de sucre semoule
70 g de crème liquide
40 g de beurre demi-sel
150 g de mascarpone

280 g de glacage nougatine
1 feuille de gélatine
100 g de sucre
2 cuillerées à soupe d'eau
35 g de beurre demi-sel
1 cuillerée à soupe de mascarpone
20 g d'amandes hachées

Préchauffez le four à 170 °C (th. 5-6).

Étalez la pâte sucrée à la noisette à 3 mm d'épaisseur. Taillez-y 6 carrés à l'aide d'un emporte-pièce de 9 cm de côté. Beurrez 8 carrés en inox de 7 cm de côté et foncez les tartelettes. Piquez les fonds de tartelette avec une fourchette. Faites cuire 15 minutes au four, sur une plaque. Laissez refroidir.

Le crémeux au caramel

La veille, faites tremper la gélatine 20 minutes dans de l'eau bien froide, puis rincez et essorez-la.

Faites cuire le sucre et faites chauffer la crème en même temps. Quand vous obtenez un caramel brun, ajoutez la crème petit à petit en remuant bien. Ajoutez ensuite le beurre demi-sel. Laissez le mélange refroidir à 50 °C, puis ajoutez la gélatine. Mélangez. Lorsque le mélange atteint 45°, incorporez-le petit à petit au mascarpone en fouettant bien. Conservez au réfrigérateur dans un récipient hermétiquement fermé.

Le glaçage nougatine

Faites tremper la gélatine dans de l'eau froide pendant 10 minutes, puis égouttez-la.

Faites cuire le sucre avec l'eau jusqu'à l'obtention d'un caramel brun, puis ajoutez le beurre. Hors du feu, ajoutez le mascarpone, la gélatine égouttée. Mélangez bien, puis ajoutez les amandes.

Montage et finition

Remplissez les fonds de tartelette de crémeux caramel aux trois quarts de leur hauteur et recouvrez du glaçage nougatine. Faites durcir 30 minutes au congélateur.

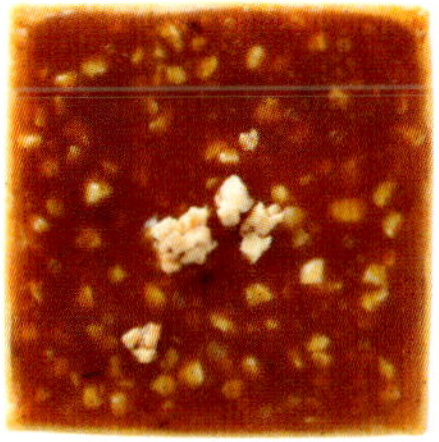

TARTELETTE MENDIANT

Pour 8 tartelettes carrées de 7 cm de côté
Préparation : 40 minutes
Cuisson : 15 minutes

500 g de pâte sucrée au cacao (voir page 20), juste sortie du réfrigérateur
1 litre d'eau
100 g de sucre en poudre + un peu pour enrober la guimauve
1 orange non traitée
16 cerneaux de noix ou de noix de pécan
24 noisettes
32 pistaches
24 g de guimauve en lanières

400 g de ganache gianduja
240 g de gianduja noisette-lait
110 g de crème liquide
50 g de lait

Préchauffez le four à 170 °C (th. 5-6).

Étalez la pâte sucrée au cacao à 3 mm d'épaisseur. Taillez-y 8 carrés à l'aide d'un emporte-pièce de 9 cm de côté. Beurrez 8 carrés en inox de 7 cm de côté et foncez les tartelettes. Piquez les fonds de tartelette avec une fourchette. Faites cuire 15 minutes au four, sur une plaque. Laissez refroidir.

Préparez un sirop en faisant bouillir l'eau et le sucre. Prélevez l'écorce de l'orange avec un économe et faites-la bouillir 15 minutes dans le sirop. Égouttez-la.

Faites légèrement torréfier les fruits secs 10 minutes au four à 160 °C.

La ganache gianduja

Hachez le gianduja et recueillez-le dans un bol. Faites bouillir la crème et le lait, et versez-les petit à petit sur le gianduja en remuant jusqu'à obtenir une ganache bien lisse.

Montage et finition

Garnissez chaque fond de tartelette de 50 g de ganache gianduja. Répartissez les fruits secs torréfiés directement sur la ganache en les disposant du plus gros au plus petit.

Découpez la guimauve en dés puis enrobez ceux-ci de sucre en poudre. Découpez l'écorce d'orange confite en fines lanières. Posez délicatement sur chaque tartelette 3 dés de guimauve et quelques lanières d'écorce d'orange.

TARTELETTE MYSTÈRE

Pour 12 tartelettes de 5 cm de diamètre
Préparation : 1 heure
Cuisson : 1 h 15

500 g de pâte sucrée à l'amande (voir page 14), juste sortie du réfrigérateur
120 g d'amandes hachées caramélisées
60 g de praliné

12 dômes de meringue française, creusés
40 g de blanc d'œuf
40 g de sucre en poudre
40 g de sucre glace tamisé

360 g de bavaroise à la vanille
5 g de gélatine (5 feuilles de 1 g ou 2 feuillles 1/2 de 2 g)
135 g de lait
1/2 gousse de vanille
35 g de sucre en poudre
2 jaunes d'œufs
135 g de crème fouettée

Préchauffez le four à 170 °C (th. 5-6).

Étalez la pâte sucrée à l'amande

à 3 mm d'épaisseur. Taillez-y 12 disques de 7 cm de diamètre. Beurrez 12 cercles de 5 cm de diamètre et foncez les tartelettes. Piquez les fonds de tartelette avec une fourchette. Faites cuire 15 minutes au four, sur une plaque. Laissez refroidir hors du four et portez la température du four à 110 °C.

Les dômes de meringue française

Préchauffez le four à 110 °C (th. 3-4). **Battez** les blancs d'œuf en neige en incorporant le sucre en poudre petit à petit. Quand la meringue est bien montée, incorporez petit à petit le sucre glace à l'aide d'une cuillère. Introduisez la meringue dans une poche à douille et pochez 12 dômes de 5 cm de diamètre sur une plaque antiadhérente. Faites cuire au four pendant 10 minutes à 110 °C puis 20 minutes à 90 °C (th. 3). Ensuite, décollez avec précaution les meringues et évidez-les délicatement. Terminez la cuisson 30 minutes à 90 °C. Gardez les meringues dans un endroit sec.

La bavaroise à la vanille

Faites tremper la gélatine 20 minutes dans de l'eau froide, puis égouttez-la. **Faites bouillir** le lait avec la gousse de vanille fendue dans le sens de la longueur, retirez du feu et laissez infuser 10 minutes. Fouettez le sucre et les jaunes d'œufs, puis versez le lait dessus petit à petit en fouettant bien. Faites cuire le tout en remuant avec une spatule jusqu'à ce que le mélange épaississe (85 °C). Ajoutez alors la gélatine et laissez refroidir. Ajoutez la crème fouettée et mixez le tout à l'aide d'un mixeur plongeant.

Montage et finition

Versez 5 g de praliné chaque fond de tartelette, puis recouvrez de 10 g de bavaroise vanille. Remplissez chaque dôme de meringue de 20 g de bavaroise vanille, puis enrobez l'extérieur de bavaroise avant de poser le dôme sur la tartelette. Recouvrez enfin la tartelette d'amandes hachées caramélisées.

TARTELETTE AU CITRON VERT ET AU CITRON JAUNE

Pour 8 tartelettes rectangles de 10 cm de longueur et 3,5 cm de largeur
Préparation : 40 minutes
Réfrigération : 1 heure
Cuisson : 15 minutes

500 g de pâte sucrée à l'amande (voir page 14), juste sortie du réfrigérateur
12 segments de citron pelés à vif, coupés en dés, pour le décor

400 g de crème au citron jaune
90 g de sucre en poudre
70 g de jus de citron jaune
1 + 1/2 œufs
150 g de beurre

200 g de meringue au citron vert
1 citron vert non traité
100 g de sucre en poudre
100 g de blanc d'œufs (3 gros blancs d'œufs)

Préchauffez le four à 170 °C (th. 5-6).

Étalez la pâte sucrée à l'amande à 3 mm d'épaisseur. Découpez-y 8 rectangles de 12 cm de longueur et 5,5 cm de largeur. Beurrez 8 rectangles en inox de 3,5 x 10 cm et foncez les tartelettes. Piquez les fonds de tartelette avec une fourchette. Faites cuire 15 minutes au four, sur une plaque. Laissez refroidir.

La crème au citron jaune

Mélangez au fouet le sucre, le jus de citron et les œufs. Faites cuire ce mélange à 85° ou jusqu'à ce qu'il épaississe. Laissez tiédir, puis incorporez le beurre à l'aide d'un mixeur plongeant et laissez refroidir 1 heure au réfrigérateur.

La meringue au citron vert

Râpez le zeste du citron vert. Faites cuire le sucre. Quand il commence à bouillir, fouettez les blancs en neige. Lorsque le sirop atteint 118 °C, versez-le en filet sur les blancs sans cesser de fouetter. Laissez refroidir en battant, et ajoutez le zeste râpé dès que la meringue est froide. Introduisez celle-ci dans une poche à douille fine.

Montage et finition

Préchauffez le four à 220 °C (th. 7-8).

Remplissez les fonds de tarte de crème de citron à ras bord. Pochez la meringue sur les tartelettes comme indiqué sur la photo et passez-les 3 minutes au four. Décorez de segments de citron.

TARTELETTE POIRE BELLE-HÉLÈNE

Pour 6 tartelettes de 8 cm de diamètre
Préparation : 40 minutes
Cuisson : 30 minutes

500 g de pâte sucrée au cacao (voir page 20), juste sortie du réfrigérateur
6 poires

Le sirop au cacao (pour pocher les poires)
1 litre d'eau
200 g de sucre
40 g de cacao
1 orange coupée en morceaux

560 g de ganache au chocolat
200 g de chocolat noir
280 g de crème liquide
80 g de beurre en morceaux

Préchauffez le four à 170 °C (th. 5-6).

Étalez la pâte sucrée au cacao à 3 mm d'épaisseur. Taillez-y 6 disques à l'aide d'un emporte-pièce de 9 cm de diamètre. Beurrez 8 cercles de 7 cm de diamètre et foncez les tartelettes. Piquez les fonds de tartelette avec une fourchette. Faites cuire 15 minutes au four, sur une plaque. Laissez refroidir.

Les poires pochées au cacao

Préparez d'abord le sirop : faites bouillir l'eau et le sucre dans une casserole. Ajoutez le cacao et continuez la cuisson sur feu doux. Ajoutez l'orange en morceaux.

Coupez les poires au tiers inférieur, en biais dans le sens de la largeur. Laissez mijoter 15 minutes sur feu doux.

La ganache au chocolat

Concassez le chocolat et recueillez-le dans un bol. Faites bouillir la crème et versez-en un tiers, petit à petit, sur le chocolat en remuant longuement jusqu'à fusion complète. Ajoutez délicatement le reste de crème et mélangez jusqu'à obtenir une ganache lisse et brillante.

Ajoutez alors le beurre, puis remuez pour obtenir une ganache bien liquide.

Montage et finition

Déposez 1 poire pochée sur chaque fond de tartelette et coulez la ganache autour. Laissez refroidir.

TARTELETTE CHOCOLAT-NOISETTE

Pour 8 tartelettes de 8 cm de diamètre
Préparation : 40 minutes
Réfrigération : 35 minutes
Cuisson : 15 minutes

500 g de pâte sucrée à la noisette (voir page 14), juste sortie du réfrigérateur
40 g de noisettes concassées grillées + un peu pour la finition
40 g d'amandes grillées
40 g de chapelure

500 g de ganache chocolat-noisette
330 g de gianduja noisette-lait
130 g de crème liquide
40 g de lait

Préchauffez le four à 170 °C (th. 5-6).

Étalez la pâte sucrée à la noisette à 3 mm d'épaisseur. Taillez-y 8 disques de 11 cm de diamètre. Beurrez 8 cercles de 8 cm de diamètre et foncez les tartelettes. Piquez les fonds de tartelette avec une fourchette. Faites cuire 15 minutes au four, sur une plaque. Laissez refroidir.

La ganache chocolat-noisette

Hachez finement le gianduja et recueillez-le dans un grand bol. Faites bouillir le lait et la crème, et versez le tout petit à petit sur le gianduja en remuant bien jusqu'à obtenir une ganache bien lisse.

Montage et finition

Répartissez 5 g de noisettes concassées dans le fond de chaque tartelette. Coulez 60 g de ganache encore liquide dans chaque tartelette. Laissez prendre 30 minutes au réfrigérateur.

Avec le reste de ganache, glacez entièrement la surface et les bords des tartelettes, puis remettez-les au réfrigérateur 5 minutes afin d'éviter que la ganache ne coule. Recouvrez entièrement les tartelettes d'amandes grillées, de noisettes grillées et de chapelure.

TARTELETTE CONCOMBRE-VANILLE-ORANGE

Pour 8 tartelettes de 8 cm de diamètre
Préparation : 40 minutes
Cuisson : 15 minutes

500 g de pâte sucrée à l'amande (voir page 14), juste sortie du réfrigérateur
160 g de segments d'orange pelés à vif

320 g de crème à la vanille

2 g de gélatine en poudre
10 g d'eau
90 g de lait
130 g de crème liquide
1/2 gousse de vanille, fendue
40 g de sucre
2 jaunes d'œufs

160 g de gelée de concombre à la menthe

2 g de gélatine en poudre
10 g d'eau pour la gélatine
400 g de concombre épluché (pour 140 g de jus de concombre)
10 g de sucre
5 feuilles de menthe

Préchauffez le four à 170 °C (th. 5-6).

Étalez la pâte sucrée à l'amande à 2 mm d'épaisseur. Taillez-y 8 disques de 11 cm de diamètre. Beurrez 8 cercles de 8 cm de diamètre et foncez les tartelettes. Piquez les fonds de tartelette avec une fourchette. Faites cuire 15 minutes au four, sur une plaque. Laissez refroidir.

La crème à la vanille

Mélangez la gélatine en poudre et l'eau.

Portez à ébullition le lait et la crème et faites-y infuser la vanille hors du feu pendant 10 minutes. Passez au chinois. Fouettez le sucre et les jaunes d'œufs, versez-y le liquide chaud et faites cuire à 85 °C ou jusqu'à ce que la crème nappe la spatule. Ajoutez enfin la gélatine délayée.

La gelée de concombre à la menthe

Mélangez la gélatine en poudre et l'eau.

Mixez le concombre (ou passez-le à la centrifugeuse) et passez le jus au chinois. Faites chauffer la moitié du jus avec le sucre. À frémissement, faites-y infuser les feuilles de menthe pendant 5 minutes, puis passez au chinois et ajoutez la gélatine délayée. Mélangez bien, puis ajoutez le reste de jus de concombre.

Montage et finition

Coulez la crème à la vanille dans chaque fond de tartelette aux trois quarts de sa hauteur. Répartissez les segments d'orange de façon à recouvrir presque toute la surface de la crème, puis recouvrez le tout de la gelée de concombre à la menthe. Laissez figer au réfrigérateur avant dégustation.

TARTELETTE PASSION-ROSE-FRAMBOISE

Pour 8 tartelettes rectangles de 10 cm de longueur et 3,5 cm de largeur
Préparation : 40 minutes
Réfrigération/congélation : 25 minutes
Cuisson : 15 minutes

500 g de pâte sucrée à l'amande (voir page 14), juste sortie du réfrigérateur
24 framboises

400 g de crème au fruit de la Passion
50 g de sucre
2 œufs
10 g de jus de citron
75 g de jus de fruit de la Passion
155 g de beurre à température ambiante
4 g d'eau de rose

135 g de glaçage Passion
120 g de nappage neutre
1 fruit de la Passion (15 g de pulpe)

Préchauffez le four à 170 °C (th. 5-6).

Étalez la pâte sucrée à l'amande

à 3 mm d'épaisseur. Découpez-y 8 rectangles de 14 cm x 7 cm. Beurrez 8 rectangles en inox de 3,5 x 10 cm et foncez les tartelettes. Piquez les fonds de tartelette avec une fourchette. Faites cuire 15 minutes au four, sur une plaque. Laissez refroidir.

La crème au fruit de la Passion

Mélangez au fouet le sucre, les œufs, le jus de citron et le jus de Passion. Faites-les cuire à 85 °C ou jusqu'à léger épaississement. Laissez refroidir à 45 °C puis incorporez le beurre à l'aide d'un mixeur plongeant. Ajoutez enfin l'eau de rose.

Le glaçage Passion

Mélangez le nappage neutre et la pulpe du fruit de la Passion.

Montage et finition

Remplissez entièrement les fonds de tartelette de crème au fruit de la Passion, puis réservez 15 minutes au congélateur.

Nappez la surface de chaque tartelette de glaçage Passion, puis réservez 10 minutes au réfrigérateur. Déposez délicatement 3 framboises par tartelette.

BREAKFAST TARTELETTE

Pour 8 tartelettes
de 8 cm de diamètre
Préparation : 20 minutes
Cuisson : 15 minutes

500 g de pâte sucrée à l'amande (voir page 14), juste sortie du réfrigérateur
4 petits-suisses
2 bananes
2 pommes
le jus de 1 citron
50 g de pain d'épices coupé en petits dés
40 g de raisins secs macérés 1 heure dans du thé
25 g de müesli
100 g de miel liquide

Préchauffez le four à 170 °C (th. 5-6).

Étalez la pâte sucrée à l'amande à 3 mm d'épaisseur. Taillez-y 8 disques de 11 cm de diamètre. Beurrez 8 cercles de 8 cm de diamètre et foncez les tartelettes. Piquez les fonds de tartelette avec une fourchette. Faites cuire 15 minutes au four, sur une plaque. Laissez refroidir.

Montage et finition

Égouttez les petits-suisses pendant 5 minutes puis coupez chacun en deux. Posez-en une moitié directement au centre de chaque fond de tartelette.

Épluchez les fruits. Coupez la banane en rondelles et la pomme en dés, et frottez-les de jus de citron pour leur éviter de noircir. Disposez-les autour du petit-suisse. Ajoutez sur chaque tartelette 5 g de dés de pain d'épice, 5 g de raisins égouttés et 3 g de müesli. Versez délicatement le miel sur le tout.

TARTELETTE ORANGE-CHOCO

Pour 8 tartelettes carrées de 7 cm de côté
Préparation : 40 minutes
Réfrigération : 50 minutes
Cuisson : 15 minutes

500 g de pâte sucrée au cacao (voir page 20), juste sortie du réfrigérateur
60 g de mascarpone
60 g de Nutella®
grué de cacao pour le décor

280 g de crème à l'orange (35 g pour 1)
1 g de gélatine en poudre
10 g d'eau pour la gélatine
70 g de jus d'orange
50 g de sucre en poudre
1 + 1/2 œufs
70 g de beurre doux extra-fin

160 g de gelée d'orange
3 g de gélatine en poudre
15 g d'eau pour la gélatine
35 g de jus d'orange frais
6 g de sucre en poudre

Préchauffez le four à 170 °C (th. 5-6).

Étalez la pâte sucrée au cacao à 2 mm d'épaisseur. Taillez-y 8 carrés de 10 cm de côté. Beurrez 8 carrés en inox de 7 cm de côté et foncez les tartelettes. Piquez les fonds de tartelette avec une fourchette. Faites cuire 15 minutes au four, sur une plaque. Laissez refroidir.

Mélangez le mascarpone et le Nutella®, puis gardez le mélange au réfrigérateur.

La crème à l'orange

Mélangez la gélatine en poudre avec l'eau froide. Faites cuire le jus d'orange, le sucre et les œufs sur feu doux à 85 °C ou jusqu'à épaississement. Incorporez la gélatine délayée, puis laissez tiédir. Lorsque le mélange atteint 45 °C, incorporez le beurre à l'aide d'un mixeur plongeant.

La gelée d'orange

Mélangez la gélatine en poudre avec l'eau froide. Mélangez le jus d'orange et le sucre, portez à frémissement. Retirez du feu et ajoutez la gélatine délayée. Laissez tiédir.

Montage et finition

Remplissez les fonds de tartelette de crème à l'orange aux trois quarts de leur hauteur, puis réservez-les 30 minutes au réfrigérateur. Ajoutez la gelée d'orange à ras bord de chaque tartelette, puis réservez 20 minutes au réfrigérateur. Déposez au centre une quenelle de mascarpone au Nutella® et parsemez-la de grué de cacao.

TARTELETTE À LA FRAMBOISE MERINGUÉE

Pour 8 tartelettes de 8 cm de diamètre
Préparation : 35 minutes
Cuisson : 30 minutes

500 g de pâte sucrée à l'amande (voir page 14), juste sortie du réfrigérateur
240 g de framboises

200 g de crème d'amandes
45 g de beurre mou
45 g de sucre glace
1 œuf
45 g de poudre d'amandes
4 g de poudre à flan
4 g de rhum

240 g de meringue italienne à la framboise
115 g de sucre semoule
30 g d'eau
55 g de blanc d'œuf
40 g de purée de framboises (ou de coulis de framboise)

Préchauffez le four à 170 °C (th. 5-6).

Étalez la pâte sucrée à l'amande

à 2 mm d'épaisseur. Découpez-y 8 disques de 11 cm de diamètre. Beurrez 8 cercles en inox de 8 cm de diamètre et foncez les tartelettes. Piquez les fonds de tartelette avec une fourchette. Faites cuire 15 minutes au four, sur une plaque. Laissez refroidir, mais n'éteignez pas le four et augmentez sa température à 200 °C (th. 6-7).

La crème d'amandes

Fouettez le beurre afin qu'il soit onctueux ; incorporez le sucre glace et la poudre d'amandes. Incorporez l'œuf battu petit à petit, puis ajoutez la poudre à flan et enfin le rhum.

La meringue italienne à la framboise

Faites cuire l'eau et le sucre à 118 °C (utilisez un thermomètre à sucre). Pendant ce temps, montez les œufs en neige au mixer. Lorsque les blancs commencent à se raffermir, versez le sucre cuit en filet, sans cesser de mixer. Les blancs vont prendre petit à petit une consistance épaisse. Ajoutez enfin la purée de framboises. Introduisez la meringue dans une poche à douille.

Montage et finition

Remplissez les fonds de tartelette de crème d'amandes à mi-hauteur, puis répartissez-y 6 framboises par tartelette. Faites cuire 10 minutes au four à 200°, puis sortez les tartelettes du four et pochez la meringue en dôme directement sur la crème d'amandes jusqu'au bord de la tarte. Remettez au four pour 5 minutes.

Le petit plus

La poudre à flan se compose principalement de fécule de maïs. Vous pouvez la remplacer par de la poudre pour crème pâtissière achetée dans le commerce, en réduisant la quantité de sucre glace.

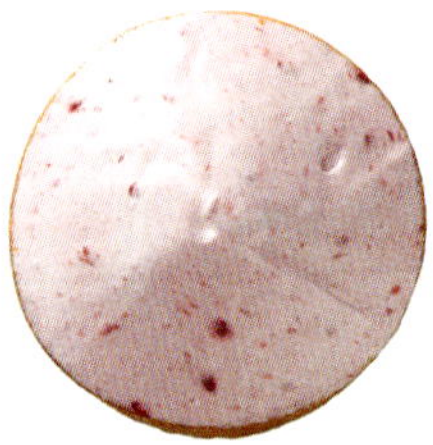

TARTELETTE AU **MARRON**

Pour 12 tartelettes
de 5 cm de diamètre
Préparation : 30 minutes
Cuisson : 23 minutes

500 g de pâte sucrée à l'amande (voir page 14), juste sortie du réfrigérateur
420 g de crème de marron
8 châtaignes grillées, décortiquées

180 g de crème d'amandes
40 g de beurre
40 g de sucre glace
1 œuf
40 g de poudre d'amandes
3 g de poudre à flan
3 g de rhum

Préchauffez le four à 170 °C (th. 5-6).

Étalez la pâte sucrée à l'amande à 2 mm d'épaisseur. Découpez-y 12 disques de 8 cm de diamètre. Beurrez 12 cercles en inox de 5 cm de diamètre et foncez les tartelettes. Piquez les fonds de tartelette avec une fourchette. Faites cuire 15 minutes au four, sur une plaque. Laissez refroidir, mais n'éteignez pas le four et augmentez sa température à 200 °C (th. 6-7).

La crème d'amandes

Fouettez le beurre afin qu'il soit onctueux ; incorporez le sucre glace et la poudre d'amandes. Incorporez l'œuf battu petit à petit, puis ajoutez la poudre à flan et enfin le rhum.

Montage et finition

Garnissez chaque fond de tartelette de crème d'amandes à mi-hauteur et faites cuire 8 minutes au four à 200°.

Introduisez la crème de marron dans une poche à douille et pochez-la sur les tartelettes. Décortiquez et pelez les châtaignes grillées et coupez-les en rondelles à l'aide d'un couteau très tranchant. Faites griller les tranches de châtaigne quelques minutes à la poêle. Disposez-les sur la crème de marron comme indiqué sur la photo.

Le petit plus

Pour la poudre à flan, voir « Le petit plus » de la recette précédente (tartelette à la framboise meringuée).

TARTELETTE CHOCO-COCO

Pour 8 tartelettes rectangles de 10 cm de longueur et 3,5 cm de largeur
Préparation : 35 minutes
Cuisson : 15 minutes

500 g de pâte sucrée au cacao (voir page 20), juste sortie du réfrigérateur
40 g de noix de coco râpée (non grillée)

320 g de ganache à la noix de coco
150 g de lait de coco
150 g de chocolat au lait
20 g de noix de coco râpée

Préchauffez le four à 170 °C (th. 5-6).

Étalez la pâte sucrée au cacao à 2 mm d'épaisseur. Découpez-y 8 rectangles de 13 cm de longueur et 7 cm de largeur. Beurrez 8 rectangles en inox de 3,5 x 10 cm et foncez les tartelettes. Piquez les fonds de tartelette avec une fourchette. Faites cuire 15 minutes au four, sur une plaque. Laissez refroidir.

La ganache à la noix de coco

Faites légèrement griller les 20 g de noix de coco râpée au four à 160 °C pendant 7 minutes

Coupez le chocolat en petits morceaux. Portez le lait de coco à frémissement, versez-le sur le chocolat haché et mélangez bien. Enfin, ajoutez la noix de coco grillée.

Montage et finition

À l'aide d'un pinceau, recouvrez le fond de chaque tartelette de chocolat au lait. Saupoudrez légèrement de noix de coco râpée grillée, puis remplissez de ganache coco à ras bord. Saupoudrez de 5 g de noix de coco râpée par tartelette.

TARTELETTE TROMPE-L'ŒIL

Pour 8 tartelettes de 8 cm de diamètre
Préparation : 45 minutes
Congélation : 2 h 30
Cuisson : 15 minutes

500 g de pâte sucrée à l'amande (voir page 14), juste sortie du réfrigérateur
80 g de chocolat au lait
80 g de noix de coco en poudre

320 g de mousse à la noix de coco
5 g de gélatine en poudre
30 g d'eau pour la gélatine
60 g de lait de coco
80 g de purée de coco
150 g de crème liquide bien froide

120 g de gelée mangue-Passion
1 g de gélatine en poudre
7 g d'eau pour la gélatine
10 g de sucre semoule
60 g de purée de Passion
45 g de purée de mangue

Préchauffez le four à 170 °C (th. 5-6).

Étalez la pâte sucrée à l'amande à 2 mm d'épaisseur. Taillez-y 8 disques de 11 cm de diamètre. Beurrez 8 cercles de 8 cm de diamètre et foncez les tartelettes. Piquez les fonds avec une fourchette. Faites cuire 15 minutes au four, sur une plaque. Laissez refroidir.

La mousse à la noix de coco

Mélangez la gélatine en poudre et l'eau. Portez le lait de coco à frémissement et ajoutez la gélatine. Mélangez le tout avec la purée de coco pour obtenir un mélange légèrement tiède. Fouettez la crème en chantilly et incorporez-la. Gardez au frais dans une poche à douille.

La gelée mangue-Passion

Mélangez la gélatine et l'eau. Mélangez les deux purées, ajoutez le sucre, la gélatine et portez à frémissement. Versez ce mélange dans un moule en silicone à alvéoles hémisphériques de 4,5 cm de diamètre et gardez au moins 2 heures au congélateur.

Montage et finition

Faites fondre le chocolat au lait et nappez-en au pinceau les fonds de tartelette. Recouvrez de noix de coco en poudre, puis ajoutez la mousse de noix de coco à ras bord. Gardez 20 minutes au congélateur, lissez la surface de la tartelette avec un peu de mousse de noix de coco, puis remettez-la 10 minutes au congélateur. Au centre de chaque tartelette, déposez 1 demi-sphère de gelée mangue-Passion.

Le petit plus

Vous pouvez recouvrir la surface de la tartelette de nappage neutre afin de la garder 24 heures au réfrigérateur.

SABLÉ BRETON, **POMME** ET CONFITURE **DE LAIT**

Pour 8 tartelettes de 8 cm de diamètre
Préparation : 35 minutes
Réfrigération : 1 heure
Cuisson : 20 minutes

500 g de pâte à sablé breton (voir page 28), juste sortie du réfrigérateur
1 pomme de 160 g (120 g épluchée et épépinée)
15 g de beurre
160 g de confiture de lait
40 g de noix de pécan grillées

80 g de gelée de cidre
1 g de gélatine en poudre
6 g d'eau pour la gélatine
35 g de jus de pomme
40 g de cidre

Préchauffez le four à 180 °C (th. 6).

Étalez au rouleau la pâte à sablé breton à 5 mm d'épaisseur sur une feuille de papier sulfurisé légèrement farinée. Beurrez légèrement 8 cercles de 8 cm de diamètre. Taillez dans la pâte 8 disques de 8 cm de diamètre et déposez ceux-ci dans les cercles. Faites cuire 15 minutes au four, sur une plaque. Laissez refroidir.

Épluchez la pomme et coupez-la en dés. Faites fondre le beurre dans une poêle et poêlez-y les dés de pomme jusqu'à ce qu'ils soient dorés et tendres (environ 5 minutes).

La gelée de cidre

Mélangez la gélatine et l'eau. Portez le jus de pomme et le cidre à frémissement, puis ajoutez la gélatine. Versez dans un petit plat et laissez figer au moins 1 heure au réfrigérateur.

Montage et finition

Sur chaque sablé breton, étalez 20 g de confiture de lait. Répartissez sur le tout les dés de pommes poêlés, puis les noix de pécan grossièrement concassées. Déposez quelques morceaux de gelée à l'aide d'une cuillère.

TARTELETTE ANANAS-BASILIC

Pour 8 tartelettes de 8 cm de diamètre
Préparation : 30 minutes
Cuisson : 20 minutes

4 muffins
1 ananas de 1 kg
le jus de 1/2 citron
1 citron vert
100 g de raisins de Smyrne trempés et égouttés
quelques feuilles de basilic pour décorer

400 g de sirop de basilic
125 g d'eau
312 g de sucre
18 g de feuilles de basilic

Le sirop de basilic

Faire bouillir l'eau avec le sucre puis, hors du feu, ajoutez les feuilles de basilic. Couvrez, faites infuser 10 minutes, puis passez le sirop à travers une passoire fine.

Montage et finition

Coupez les muffins en 2 et poêlez-les sur une seule face avec un peu de sirop de basilic pour obtenir une mie légèrement grillée.

Épluchez l'ananas, taillez-le en dés et poêlez ceux-ci avec le sirop de basilic jusqu'à obtenir une coloration caramel légère (environ 15 minutes). En fin de cuisson, ajoutez un filet de citron. Vous devez obtenir 500 g de dés d'ananas caramélisés.

Recouvrez de dés d'ananas toute la surface de chaque tartelette. Saupoudrez de zeste de citron vert râpé, puis garnissez de raisins et de feuilles de basilic.

TARTELETTE FRAISE MELBA

Pour 8 tartelettes de 8 cm de diamètre
Préparation : 35 minutes
Réfrigération : 1 heure
Cuisson : 15 minutes

500 g de pâte sucrée à l'amande (voir page 14), juste sortie du réfrigérateur
200 g de confiture de fraises
8 fraises

480 g de crème fermière au citron
60 g de mascarpone bien froid
330 de crème liquide
15 g de sucre semoule
80 g de jus de citron

80 g de gelée de citron
1 g de gélatine en poudre
8 g d'eau pour la gélatine
35 g d'eau
35 g de jus de citron
5 g de sucre

Préchauffez le four à 170 °C (th. 5-6).

Étalez la pâte sucrée à l'amande à 2 mm d'épaisseur. Taillez-y 8 disques de 11 cm de diamètre. Beurrez 8 cercles de 8 cm de diamètre et foncez les tartelettes. Piquez les fonds avec une fourchette. Faites cuire 15 minutes au four, sur une plaque. Laissez refroidir.

La crème fermière au citron

Gardez le mascarpone au réfrigérateur plusieurs heures à l'avance.

Mélangez la crème liquide, le sucre et le jus de citron. Incorporez petit à petit ce mélange au mascarpone très froid. Introduisez ce mélange dans une poche munie d'une douille dentelée, et gardez au frais.

La gelée de citron

Mélangez la gélatine en poudre et l'eau. Mélangez les 35 g d'eau, le jus de citron et le sucre, portez à frémissement puis ajoutez la gélatine délayée. Versez dans une petite plaque et laissez prendre au moins 1 heure au réfrigérateur.

Montage et finition

Nappez le fond des tartelettes de confiture de fraises.

Par-dessus, pochez la crème fermière en forme de petits dômes (voir la photo). Coupez les fraises en rondelles avant de les piquer dans la crème. Coupez la gelée en dés et disposez ceux-ci sur la crème.

TARTELETTE CHEESECAKE

Pour 8 tartelettes carrées de 7 cm de côté
Préparation : 30 minutes
Cuisson : 25 minutes

500 g de pâte sucrée à l'amande (voir page 14), juste sortie du réfrigérateur
100 g de confiture de framboises
100 g de framboises fraîches
8 bandeaux de guimauve

500 g de crème au fromage blanc
80 g de fromage blanc à 20 % de matière grasse
80 g de sucre
20 g de farine
2 œufs
200 g de crème liquide

Préchauffez le four à 170 °C (th. 5-6).

Étalez la pâte sucrée à l'amande à 3 mm d'épaisseur. Taillez-y 8 carrés de 9 cm de côté. Beurrez 8 carrés en inox de 7 cm de côté et foncez les tartelettes. Piquez les fonds de tartelette avec une fourchette. Faites cuire 15 minutes au four, sur une plaque. Laissez refroidir. Portez la température du four à 180 °C (th. 6).

Mélangez la confiture et les framboises fraîches pour obtenir le confit de framboise.

La crème au fromage blanc

Battez le fromage blanc pour le lisser, puis incorporez petit à petit le sucre, la farine, les œufs, puis la crème.

Montage et finition

Coulez la crème au fromage blanc aux trois quarts de la hauteur de la tartelette. Faites cuire 10 minutes au four, puis laissez refroidir.

Ajoutez le confit de framboise à ras bord. Nouez les bandes de guimauve, puis déposez-les délicatement sur le confit de framboise.

ADAM'S

SALÉ !

TARTELETTE CAROTTE-COCO-ORANGE

Pour 8 tartelettes carrées de 7 cm de côté
Préparation : 30 minutes
Cuisson : 35 minutes

500 g de pâte salée à la noisette (voir page 33), juste sortie du réfrigérateur
1 ou 2 oranges (pour 180 g de segments)
350 g de carottes (pour 320 g de julienne)
20 g de noix de coco fraîche taillée en julienne
1 vaporisateur d'huile d'olive
sel, poivre du moulin

250 g de purée de carotte à l'orange
100 g de carottes
1 orange
50 g de beurre
2 g de graines de cumin
sel, poivre du moulin

Préchauffez le four à 170 °C (th. 5-6).

Étalez la pâte salée à la noisette à 3 mm d'épaisseur. Taillez-y 8 carrés à l'aide d'un emporte-pièce de 9 cm de côté. Beurrez 8 carrés en inox de 7 cm de côté et foncez les tartelettes. Piquez les fonds de tartelette avec une fourchette. Faites cuire 15 minutes au four, sur une plaque. Laissez refroidir.

La purée de carotte

Épluchez les carottes et coupez-les en rondelles. Râpez la moitié du zeste de l'orange, puis extrayez le jus. Faites cuire les carottes avec le zeste et le jus d'orange, sel et poivre. Lorsqu'elles sont bien cuites, réduisez-les en purée, rectifiez l'assaisonnement, ajoutez le cumin, puis le beurre en tournant.

Montage et finition

Pelez les oranges à vif et prélevez leurs segments. Vous devez en obtenir 180 g.

Épluchez les carottes et taillez-les en julienne de 3 à 4 cm de longueur.

Étalez la purée de carotte à l'orange en une couche bien égale aux deux tiers de la hauteur de chaque tartelette. Disposez la julienne de carotte debout sur toute la surface de la purée, comme indiqué sur la photo. Intercalez quelques bâtonnets de julienne de noix de coco et des segments d'orange, puis vaporisez un peu d'huile d'olive sur la surface pour apporter de la brillance. Salez et poivrez.

TARTELETTE NIÇOISE

Pour 8 tartelettes
de 8 cm de diamètre
Préparation : 35 minutes
Cuisson : environ 35 minutes

500 g de pâte salée à la noisette (voir page 33), juste sortie du réfrigérateur
480 g de haricots verts
8 œufs de caille extra-frais
80 g de poivron jaune
120 g de thon rouge extra-frais, bien paré
1 oignon blanc nouveau
24 olives noires dénoyautées
sel, poivre du moulin

185 g de crème au citron
et à l'huile d'olive

20 g de beurre
20 g de farine
120 g de lait
20 g de jus de citron
5 g d'huile d'olive
sel, poivre du moulin

Préchauffez le four à 170 °C (th. 5-6).

Étalez la pâte salée à la noisette à 3 mm d'épaisseur. Taillez-y 8 disques à l'aide d'un emporte-pièce de 10 cm de diamètre. Beurrez 8 cercles de 8 cm de diamètre et foncez les tartelettes. Piquez les fonds de tartelette avec une fourchette. Faites cuire 15 minutes au four, sur une plaque. Laissez refroidir.

Parez les haricots verts et faites-les cuire *al dente* à l'eau bouillante salée. Rafraîchissez-les sous l'eau froide courante, puis égouttez-les.

Faites cuire les œufs de caille 2 minutes dans de l'eau bouillante. Écalez-les.

Taillez le poivron jaune en bâtonnets.

La crème au citron

Préparez une béchamel en faisant fondre le beurre dans une casserole. Faites-y revenir la farine pendant 3 minutes sans cesser de remuer, puis retirez du feu et ajoutez le lait froid d'un seul coup. Remuez vigoureusement pour mélanger, puis continuez l'opération sur feu doux jusqu'à ce que la sauce épaississe. Laissez cuire 5 minutes, puis salez et poivrez. Laissez refroidir, puis ajoutez le jus de citron et l'huile d'olive.

Montage et finition

Étalez la crème au citron et à l'huile d'olive à mi-hauteur des tartelettes. Plantez-y les haricots verts à la verticale. Coupez les œufs à une extrémité, puis disposez-les sur la tarte. Plantez-y aussi les bâtonnets de poivron jaune.

Coupez le thon rouge en 8 bâtonnets de 1,5 cm de côté, puis poêlez-les sur feu vif 5 secondes sur chaque face. Découpez-les en cubes et garnissez-en la tartelette.

Coupez l'oignon nouveau en fines lanières. Disposez l'oignon et les olives harmonieusement, en vous aidant de la photo. Salez et poivrez.

Le petit plus

Vous pouvez découper l'œuf de caille au dernier moment pour laisser apparaître le jaune fondant.

TARTELETTE AUX CHAMPIGNONS, ROUILLE ET PARMESAN

Pour 8 tartelettes carrées de 7 cm de côté
Préparation : 35 minutes
Préparation : 25 minutes

500 g de pâte salée au parmesan (voir page 32), juste sortie du réfrigérateur
120 g de trompettes-des-morts fraîches
160 g de girolles fraîches
80 g de cèpes frais
80 g de lentins de chêne
60 g de beurre
40 g de copeaux de parmesan
sel, poivre du moulin

160 g de rouille
4 gousses d'ail
2 jaunes d'œufs crus
100 g de pomme de terre cuite, pelée
10 g de jus de citron
2 g d'épices safranées en poudre (ou de safran en poudre)
6 cuillerées à soupe d'huile d'olive
sel, poivre du moulin

Préchauffez le four à 170 °C (th. 5-6).

Étalez la pâte salée au parmesan à 3 mm d'épaisseur. Taillez-y 8 carrés à l'aide d'un emporte-pièce de 9 cm de côté. Beurrez 8 carrés en inox de 7 cm de côté et foncez les tartelettes. Piquez les fonds de tartelette avec une fourchette. Faites cuire 15 minutes au four, sur une plaque. Laissez refroidir.

Épluchez les champignons, nettoyez-les bien, découpez-les si nécessaire, puis poêlez-les au beurre jusqu'à ce qu'ils soient bien cuits (10 minutes environ). Salez et poivrez.

La rouille

Épluchez et dégermez les gousses d'ail. Passez l'ensemble des ingrédients au pilon ou au mixeur jusqu'à l'obtention d'une texture fine. Montez la sauce avec l'huile d'olive comme une mayonnaise. Rectifiez l'assaisonnement.

Montage et finition

Disposez la rouille au fond des tartelettes, puis recouvrez des différents champignons. Rectifiez l'assaisonnement, puis ajoutez les copeaux de parmesan.

Le petit plus

À manger tiède !

TARTELETTE CÉSAR

Pour 8 tartelettes carrées de 7 cm de côté
Préparation : 25 minutes
Cuisson : environ 30 minutes

500 g de pâte salée à la noisette (voir page 33), juste sortie du réfrigérateur
2 tranches de pain au levain
160 g de cœur de laitue
120 g de filet de poulet
8 œufs fermiers
32 filets d'anchois à l'huile, égouttés
sel, poivre du moulin

400 g de sauce César
4 jaunes d'œufs
100 g de filets d'anchois à l'huile, égouttés
3 pincées de piment d'Espelette
4 gousses d'ail, épluchées
20 cl d'huile d'olive
10 cl de vinaigre de vin
80 g de parmesan fraîchement râpé
60 g de mayonnaise
sel, poivre du moulin

Préchauffez le four à 170 °C (th. 5-6).

Étalez la pâte salée à la noisette à 3 mm d'épaisseur. Taillez-y 8 carrés à l'aide d'un emporte-pièce de 9 cm de côté. Beurrez 8 carrés en inox de 7 cm de côté et foncez les tartelettes. Piquez les fonds de tartelette avec une fourchette. Faites cuire 15 minutes au four, sur une plaque. Laissez refroidir.

Retirez la croûte du pain au levain et taillez celui-ci en bâtonnets réguliers de 4 cm de diamètre. Faites-les griller 10 minutes au four. Vous devez obtenir 50 g de bâtonnets de pain grillé.

Salez et poivrez le filet de poulet et poêlez-le sur les deux faces dans un peu de beurre jusqu'à ce qu'il soit cuit à cœur (environ 7 minutes). Laissez-le refroidir puis découpez-le en fines lamelles.

Faites cuire les œufs mollets, 5 minutes à l'eau bouillante. Écalez-les.

La sauce César

Réunissez les jaunes d'œufs, les anchois, le piment d'Espelette et l'ail dans un blender, puis mixez. Ajoutez l'huile d'olive et mixez à nouveau. Ajoutez le vinaigre et le parmesan, puis mixez en une pâte lisse. Ajoutez enfin la mayonnaise et mixez rapidement. Rectifiez l'assaisonnement avec précaution, car les anchois sont déjà salés.

Montage et finition

Disposez les ingrédients à votre guise, soit en assemblant la tarte, soit en la présentant de façon déstructurée comme sur la photo.

Le petit plus

Vous pouvez aussi donner à ces tartelettes une forme circulaire (8 cm de diamètre).

Pour faire des beaux œufs mollets, sortez-les du réfrigérateur un peu à l'avance.

TARTELETTE BRIE-POIRE-COURGETTE

Pour 8 tartelettes carrées de 7 cm de côté
Préparation : 20 minutes
Cuisson : 35 minutes

500 g de pâte salée à la noisette (voir page 33), juste sortie du réfrigérateur
1 courgette
1 poire de 200 g environ
le jus de 1/2 citron
160 g de brie
1 petite botte de ciboulette
40 g de pignons de pin

240 g de purée d'aubergine
180 g d'aubergines
40 g d'oignon ciselé
1 gousse d'ail
huile d'olive
sel, poivre du moulin

Préchauffez le four à 170 °C (th. 5-6).

Étalez la pâte salée à la noisette à 3 mm d'épaisseur. Taillez-y 8 carrés à l'aide d'un emporte-pièce de 9 cm de côté. Beurrez 8 carrés en inox de 7 cm de côté et foncez les tartelettes. Piquez les fonds de tartelette avec une fourchette. Faites cuire 15 minutes au four, sur une plaque. Laissez refroidir ; portez la température du four à 180 °C (th. 6).

La purée d'aubergine

Coupez les aubergines en deux, arrosez-les d'un filet d'huile d'olive et faites-les rôtir 35 minutes au four. Prélevez la chair à l'aide d'une cuillère. Dans une poêle, faites suer l'oignon ciselé dans un peu d'huile d'olive, puis faites-le compoter en ajoutant la chair d'aubergine pendant environ 20 minutes. Ajoutez l'ail écrasé, salez et poivrez. Ajoutez un peu d'huile d'olive si nécessaire.

Montage et finition

Étalez la purée d'aubergine aux trois quarts de la hauteur des tartelettes.

Taillez la courgette en lanières de 1 à 2 mm d'épaisseur à l'aide d'un économe ou d'une mandoline. Faites-les blanchir quelques secondes à l'eau bouillante salée puis égouttez-les sur du papier absorbant.

Épluchez la poire, taillez-la aussi en lamelles. Citronnez-les afin de leur éviter de noircir. Taillez le brie en lamelles. Ciselez la ciboulette.

Disposez sur les tartelettes, en les alternant, les tranches de brie, de poire et de courgette. Ajoutez les pignons de pin et la ciboulette. Poivrez.

TARTELETTE **AUX LENTILLES** DU PUY, **AU CHORIZO** ET À LA CAROTTE

Pour 10 tartelettes de 5 cm de diamètre
Préparation : 30 minutes
Cuisson : 50 minutes

500 g de pâte salée à la noisette (voir page 33), juste sortie du réfrigérateur
25 g d'oignon ciselé
100 g de lentilles du Puy, lavées et égouttées
10 g de chorizo
15 g de carotte en petits dés
25 g de concombre
10 g de moutarde de Meaux
10 g d'huile de tournesol
3 g de vinaigre de vin
sel, poivre du moulin

160 g de béchamel à la moutarde de Meaux
45 g de beurre
45 g de farine
55 cl de lait
1 pincée de noix de muscade râpée
15 g de moutarde de Meaux
sel, poivre du moulin

Préchauffez le four à 170 °C (th. 5-6).

Étalez la pâte salée à la noisette à 3 mm d'épaisseur. Taillez-y 10 disques de 7 cm de diamètre. Beurrez 10 cercles de 5 cm de diamètre et foncez les tartelettes. Piquez les fonds de tartelette avec une fourchette. Faites cuire 15 minutes au four, sur une plaque.

Faites suer l'oignon dans un peu d'huile pendant 3 minutes, puis ajoutez les lentilles. Mélangez, couvrez d'eau, portez à ébullition et faites cuire environ 35 minutes ou jusqu'à ce que les lentilles soient tendres mais encore entières.

Épluchez les carottes et le concombre ; taillez-les en très petits dés. Taillez le chorizo en dés de 8 mm environ et ajoutez-les aux lentilles en fin de cuisson. Retirez du feu et laissez refroidir. Ajoutez les dés de carotte et de concombre, la moutarde de Meaux, le vinaigre de vin, l'huile de tournesol. Salez et poivrez. Mélangez bien.

La béchamel à la moutarde de Meaux

Dans une casserole, faites fondre le beurre sur feu doux. Ajoutez la farine et mélangez doucement pendant 2 minutes. Retirez du feu, ajoutez le lait froid tout en mélangeant, puis remettez sur le feu en tournant jusqu'à ce que la sauce soit bien épaisse. Salez, poivrez et ajoutez la muscade. Laissez refroidir avant d'ajouter la moutarde.

Montage et finition

Étalez la béchamel à mi-hauteur des tartelettes, puis garnissez du mélange lentilles-chorizo disposé en dôme. Avant de servir, faites tiédir les tartelettes 3 minutes au four à 180 °C. Vous pouvez garnir de dés de chorizo.

TARTELETTE CAMEMBERT-TRUFFE

Pour 6 tartelettes
de 10 cm de diamètre
Préparation : 20 minutes
Cuisson : 2 minutes

100 g de camembert pas trop fait
100 g de mascarpone
6 tranches de pain de mie
25 g de beurre demi-sel aux cristaux de fleur de sel
8 g de truffe d'été ou de truffe noire melanosporum fraîche en hiver

Préchauffez le four à 180 °C (th. 6).

Dans une casserole, faites fondre le camembert et le mascarpone sur feu doux. Mixez à l'aide d'un mixeur plongeant, rectifiez l'assaisonnement.

Taillez les tranches de pain de mie en disques à l'aide d'un emporte-pièce rond de 10 cm de diamètre. Toastez-les, puis beurrez-les.

Montage et finition

Garnissez les toasts beurrés de crème de mascarpone au camembert sur toute la surface.

Coupez la truffe en fines rondelles et disposez-les directement sur les tartelettes. Passez les tartelettes 2 minutes au four.

Le petit plus

S'il vous reste des brisures de truffe, ajoutez-les à la crème de mascarpone pour accentuer la saveur.

TARTELETTE **AU BAR CRU** ET AU FRUIT DE LA PASSION

Pour 8 tartelettes carrées de 15 cm de côté
Préparation : 20 minutes

8 tranches de pain de mie blanc
300 g filet de bar bien frais, sans la peau
100 g d'huile d'olive
10 g de moutarde de Dijon
2 fruits de la Passion
3 oignons blancs nouveaux avec leurs tiges
1 barquette de fleurs de bourrache
fleur de sel, poivre du moulin

70 g de vinaigrette Passion
25 g de pulpe de fruit de la Passion
25 g de jus de citron
15 g d'huile d'olive
sel, poivre du moulin

Ouvrez les fruits de la Passion et retirez la pulpe avec une petite cuillère. Ajoutez l'huile d'olive, la moutarde, fleur de sel et poivre du moulin. Taillez le bar en très fines lamelles et faites-les mariner dans ce mélange.

Pendant ce temps, préparez la vinaigrette Passion en mélangeant tous ses ingrédients.

Retirez la croûte du pain de mie, puis toastez les tranches.

Disposez le bar sur les tranches de pain de mie et garnissez de vinaigrette Passion. Disposez des rondelles d'oignon blanc et quelques fleurs de bourrache pour la touche finale.

Le petit plus

Vous pouvez accompagner cette tartelette d'une petite salade croquante : carotte et papaye verte marinés au citron vert et à la coriandre fraîche.

TARTELETTE SAUMON FUMÉ-MANGUE

Pour 8 tartelettes de 8 cm de diamètre
Préparation : 25 minutes
Cuisson : 15 minutes

500 g de pâte salée à la noisette (voir page 33), juste sortie du réfrigérateur
1 ou 2 mangues mûres (240 g épluché)
1 pomme verte
80 g de bâtonnets de pomme verte
480 g de saumon fumé
60 g de feta
quelques branches de coriandre fraîche

Préchauffez le four à 170 °C (th. 5-6).

Étalez la pâte salée à la noisette à 3 mm d'épaisseur. Taillez-y 8 disques à l'aide d'un emporte-pièce de 10 cm de diamètre. Beurrez 8 cercles de 8 cm de diamètre et foncez les tartelettes. Piquez les fonds de tartelette avec une fourchette. Faites cuire 15 minutes au four, sur une plaque. Laissez refroidir.

Épluchez et dénoyautez les mangues ; vous devez obtenir au moins 240 g de chair. Coupez-en les deux tiers en dés et le tiers restant en lamelles.

Épluchez la pomme, taillez-la en bâtonnets (vous devez en obtenir 80 g).

Taillez le saumon fumé en tranches fines et la feta en petits dés.

Montage et finition

Disposez les dés de mangue dans les fonds de tartelette. Confectionnez des petits rouleaux avec les tranches de saumon et recouvrez-en la couche de mangue. Décorez avec les bâtonnets de mangue et de pomme verte, puis ajoutez des pluches de coriandre et des dés de feta.

Le petit plus

Vous pouvez remplacer la coriandre par de la menthe, le mariage est également très réussi.

TARTELETTE CARBONARA

Pour 8 tartelettes de 8 cm de diamètre
Préparation : 20 minutes
Cuisson : 35 minutes

500 g de pâte salée au parmesan (voir page 32), juste sortie du réfrigérateur
40 g d'oignon ciselé
15 g de beurre
200 g de lardons (60 g pour garniture et 120 g pour le mélange crème et lardon)
20 g de cognac
400 g de crème fraîche épaisse
32 g de spaghetti
8 œufs de caille
60 g de copeaux de parmesan

Préchauffez le four à 170 °C (th. 5-6).

Étalez la pâte salée au parmesan

à 3 mm d'épaisseur. Taillez-y 8 disques à l'aide d'un emporte-pièce de 10 cm de diamètre. Beurrez 8 cercles de 8 cm de diamètre et foncez les tartelettes. Piquez les fonds de tartelette avec une fourchette. Faites cuire 15 minutes au four, sur une plaque. Laissez refroidir.

Faites suer l'oignon émincé

au beurre pendant 1 minute, ajoutez les lardons et faites bien revenir le tout pendant 5 minutes. Retirez le gras de la poêle puis flambez au cognac. Prélevez de ce mélange la quantité nécessaire pour garnir les fonds. Ajoutez la crème à la quantité restant dans la casserole et laissez cuire environ 5 minutes sur feu doux.

Faites cuire les spaghettis *al dente* (8 minutes environ), puis égouttez-les.

Montage et finition

Garnissez de lardons les fonds de tartelette, disposez les spaghetti par-dessus en les enroulant, puis recouvrez de sauce carbonara au cognac.

Cassez les œufs de caille un à un, séparez le blanc du jaune et posez le jaune sur la tartelette. Garnissez de lardons et de jolis copeaux de parmesan. Salez et poivrez.

Le petit plus

Montez cette tarte à la dernière minute afin de déguster bien chaud.

ADAM

TARTELETTE BARBECUE

Pour 8 tartelettes de 8 cm de diamètre
Préparation : 15 minutes

4 muffins anglais
16 portions de Vache qui Rit®
1 oignon rouge de 50 g
4 cornichons
800 g de carpaccio de bœuf
fleur de sel, poivre du moulin

Coupez les muffins en deux. Toastez chaque moitié et tartinez-les avec la Vache qui Rit®.

Épluchez l'oignon rouge. Ciselez-en une partie en petits dés et le reste en rondelles. Coupez les cornichons en rondelles.

Montage et finition

Disposez sur les demi-muffins les rondelles de cornichons et les dés d'oignon. Recouvrez de tranches de carpaccio en les laissant dépasser d'un tiers de leur surface. Glissez le bord des tranches sous le muffin afin d'enrober entièrement la partie visible.

Décorez de rondelles d'oignon, de fleur de sel et de poivre du moulin.

Le petit plus

Vous pouvez accompagner votre tartelette de sauce barbecue.

ANNEXES

INDEX DE A à Z

INDEX THÉMATIQUE (PAR TYPE DE PÂTE)

PÂTE SUCRÉE À L'AMANDE 14

PÂTE SUCRÉE À LA NOISETTE 14

REMER-CIEMENTS

Un grand merci à Karine et au p'tit Léon, à Babas, Guillaume, Benoît, Florence, Laure, Laurent, Virginie, Sophie, Carine et Coco pour l'édito.

À toute la fine équipe Adam's, Mat, Loïc, Pat, pour les petits désagréments de place et de bordel les jours de photo !

Sans oublier Véronique de PCB et la société Deroche pour le petit coup de main.

Christophe Adam

SHOPPING

Un grand merci à :

ALESSI
ASA SELECTION
BAMBOO
BODUM
CASA
CHILEWICH
CUTIPOL
GUY DEGRENNE
HABITAT
JARS
JAUNE DE CHROME
JIA
JL COQUET
KITCHENAID
LA ROCHÈRE
MAUVIEL
MERCI
MONTGOLFIER
MORA
MUJI
SERAX
STARK
THE CONRAN SHOP
VIRAGES
ZARA HOME

sans oublier ceux qui ont habillé *Tartelettes* tout au long de l'ouvrage !

ADAM'S
tartines
et cafés
Paris

8.03.12

Département éditorial Saveurs

Photogravure : APS Chromostyle à Tours

Achevé d'imprimer en février 2012 sur les presses de Pollina à Luçon - L59643

Dépôt légal : mars 2012

Imprimé en France